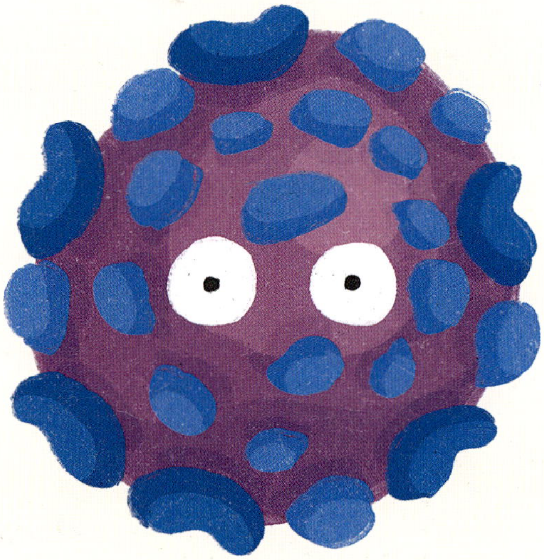

# أنا والميكروبات

تأليف: فيليب بانتينغ

ترجمة: سهى أبو شقرا



دار جامعة حمد بن خليفة للنشر
HAMAD BIN KHALIFA UNIVERSITY PRESS

# ما الميكروبُ؟

نحن الميكروبات كائنات صغيرة جدًّا، ويعيش أحدُنا منفصلًا عن الآخرِ، بل نحن أكثر الكائنات الحيَّة شيوعًا على الأرضِ. تشيرُ التقديرات إلى أنَّ وزن الميكروبات في العالم يَفوق وزنَ جميع الحيوانات بنحو 50 مرةً!

الميكروباتُ أي الجراثيمُ، كائنات حيَّة (تقريبًا) صغيرة جدًا، ولا يمكننا رؤيتُها إلا بواسطةِ المجهر. بل يمكن للنقطة في نهاية هذه الجملة أن تتَّسعَ لآلاف الميكروبات.

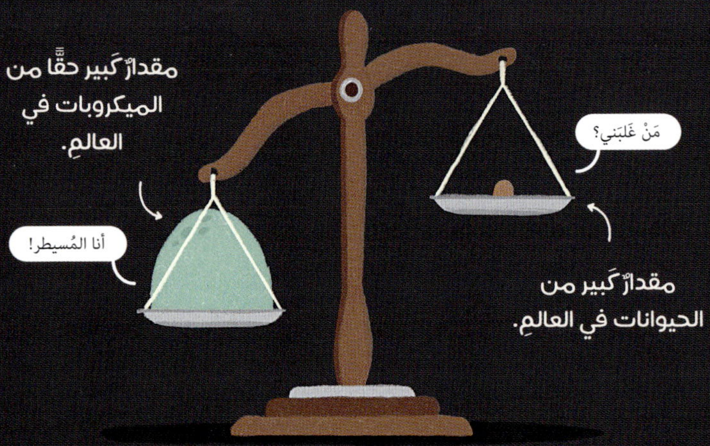


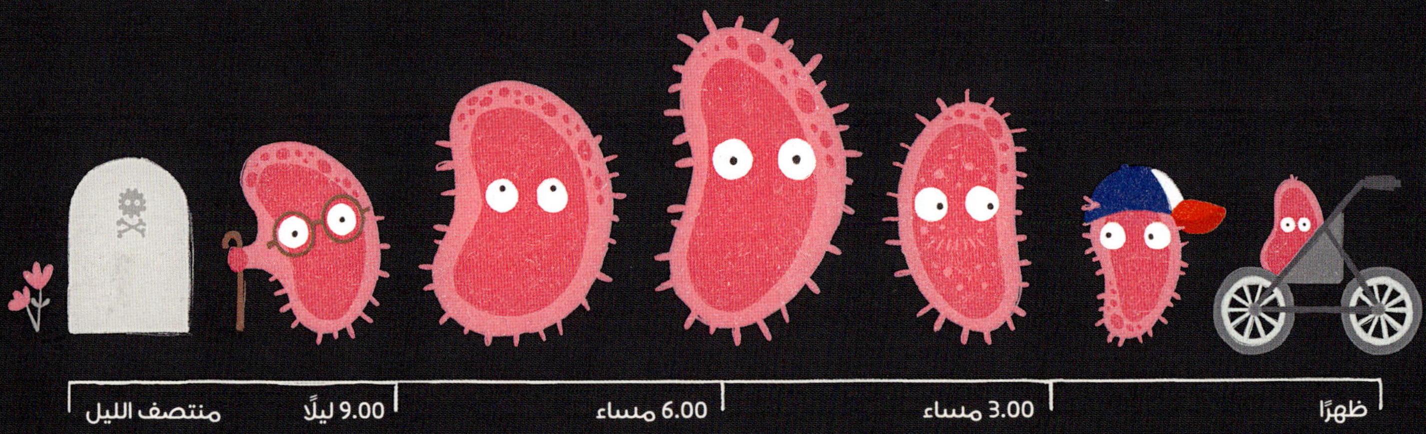


يقاربُ متوسط وزن البكتيريا بمفردِها وزن الجزءِ من تريليون جزءٍ من مَشْبك الورقِ، وتعيش نحو 12 ساعةً فقط. ولأن عمرَها قصيرٌ جدًا، لا تضيعُ وقتها في مشاهدة التلفزيون أو التحدُّث في الكرةِ.

يُعتقَد بوجود ما يصلُ إلى تريليون نوعٍ من الميكروبات على كوكبنا، مع العلم أن 99.999٪ من تلك الأنواع لم يُكتَشفْ بعد!

الميكروبات هي أقدمُ أشكال الحياةِ على الأرض، وقد وجدَ العلماء بكتيريا متحجرةً عمرُها 3.6 مليارات سنة. مع العلم بأن عُمر كوكب الأرض يَبلغ 4.5 مليارات سنة فقط.

# الميكروبات في كل مكان!

في الهواء

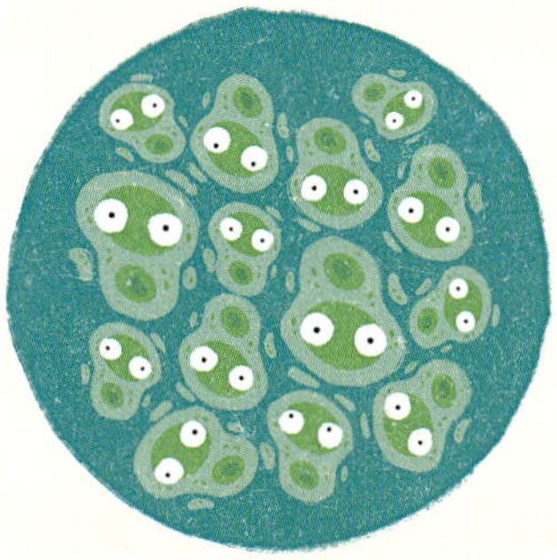

في الماء

في الحديقة العامة

في الحلويات

في الصحراء

في القطب الشمالي

في المخزن

على البشرة

في الواقع، أن من المحتملِ وُجود آلاف البكتيريا عندَ أطرافِ أصابِعك (حسب المكان الذي كنت فيه للتوِّ). تذكَّر أنها متناهيةُ الصغَر، لذلك لا تستطيعُ رؤيتها من دونِ المجهرِ.

ما زلنا لا نعلم حتى الآن
كيف ظهرت الميكروبات لأول مرة!

ولم نجدْ أثرًا للميكروبات
خارجَ كوكب الأرض... حتى الآن!

# لماذا تُعدُّ الميكروبات مهمةً بالنسبة لي؟

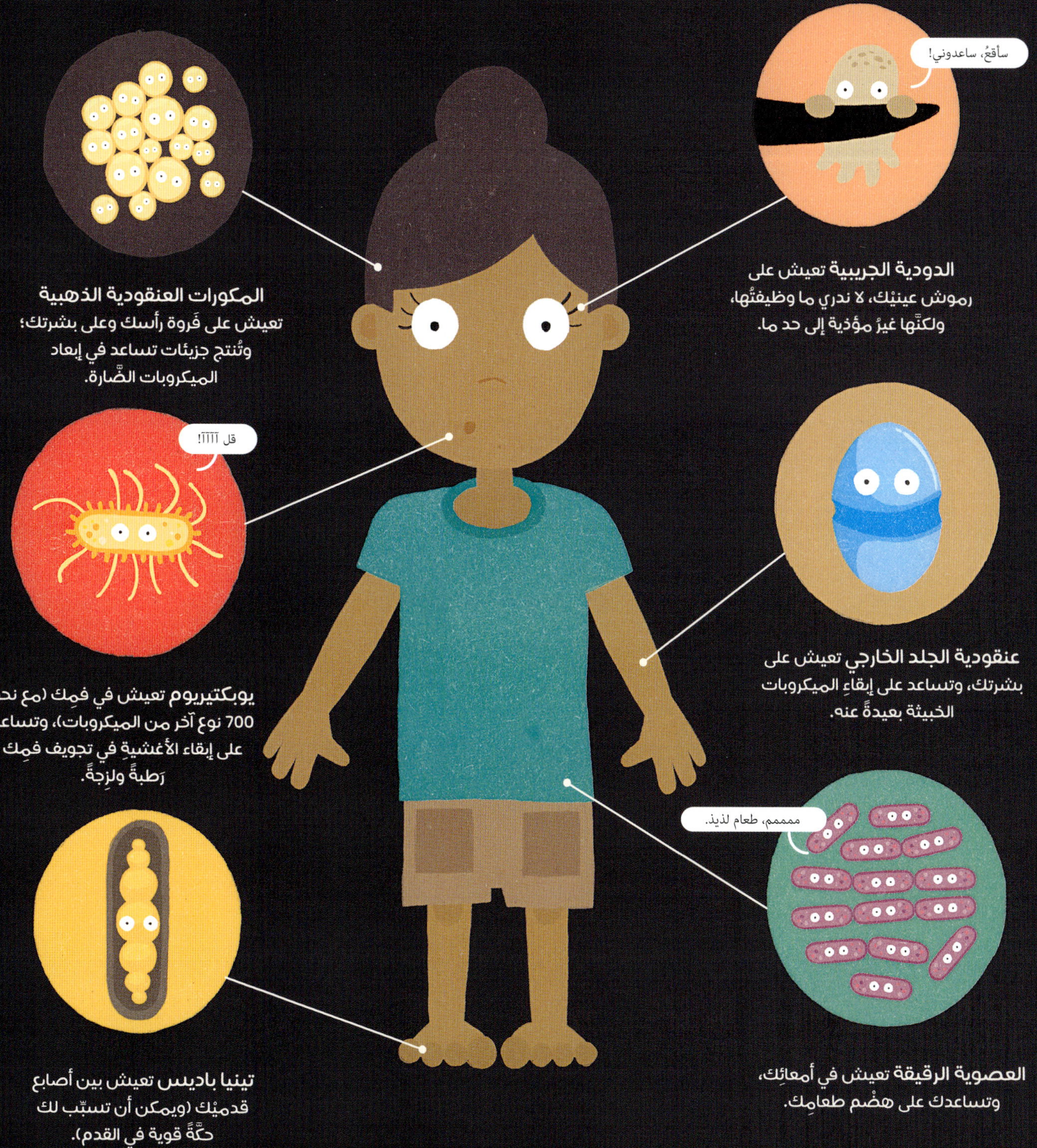


صِرتَ تعرف أن جسمَك موطنٌ لملايين الكائنات الحية (ولن تعيش طويلًا من دونِها). معظم تلك الطفيليات المجهرية هي بكتيريا، ولكنْ يوجدُ بينها الفطريات والعتائق والفيروسات وغير ذلك أيضًا (اعتمادًا على ما تناولْتهُ على الإفطار).

قبلَ ولادتنا لا نحملُ داخلَ أجسامِنا أو عليها أيَّة ميكروبات... أبدًا، ومطلقًا، ونهائيًّا! ولكن في أثناء الولادة والرَّضاعة، والخروج إلى عالم واسع وكبير، تنمو مجموعة الميكروبات الخاصَّة بك ببطءٍ، وتستقرُّ لديْك مع بلوغِك عامَك الثاني أو الثالث.

من فضلك،
لا تجرّبها في البيت!

يسمَّى مخزونك من الكائنات الدقيقة على اختلاف أنواعها بالميكروبات الخاصَّة بك. والميكروبات الخاصَّة بك هي جزءٌ كبيرٌ جدًّا منك. وإذا جمعتَ كلَّ ميكروباتك الخاصة بك، فستجدُ أن وزنَها يماثلُ وزنَ دماغِك.

تساعدك الميكروبات على هضْم الطعام (بما في ذلك الحليب)، وتقويةِ جهازك المناعيِّ، وتزويد جسمك بالفيتامينات والعناصر الغذائية الأساسية التي لا يُمكنك إنتاجُها بنفسك. وقد يضطرُّك بعضُها إلى إطلاق الغازات بصورةٍ مضحكةٍ.

من الغريب والعجيب، أنك إنسان مليءٌ بالميكروبات!
ما زلنا نطوِّر معرفتنا عن الميكروبات، ولكنَّ التقديرات تُشير إلى احتواء جسمك على:

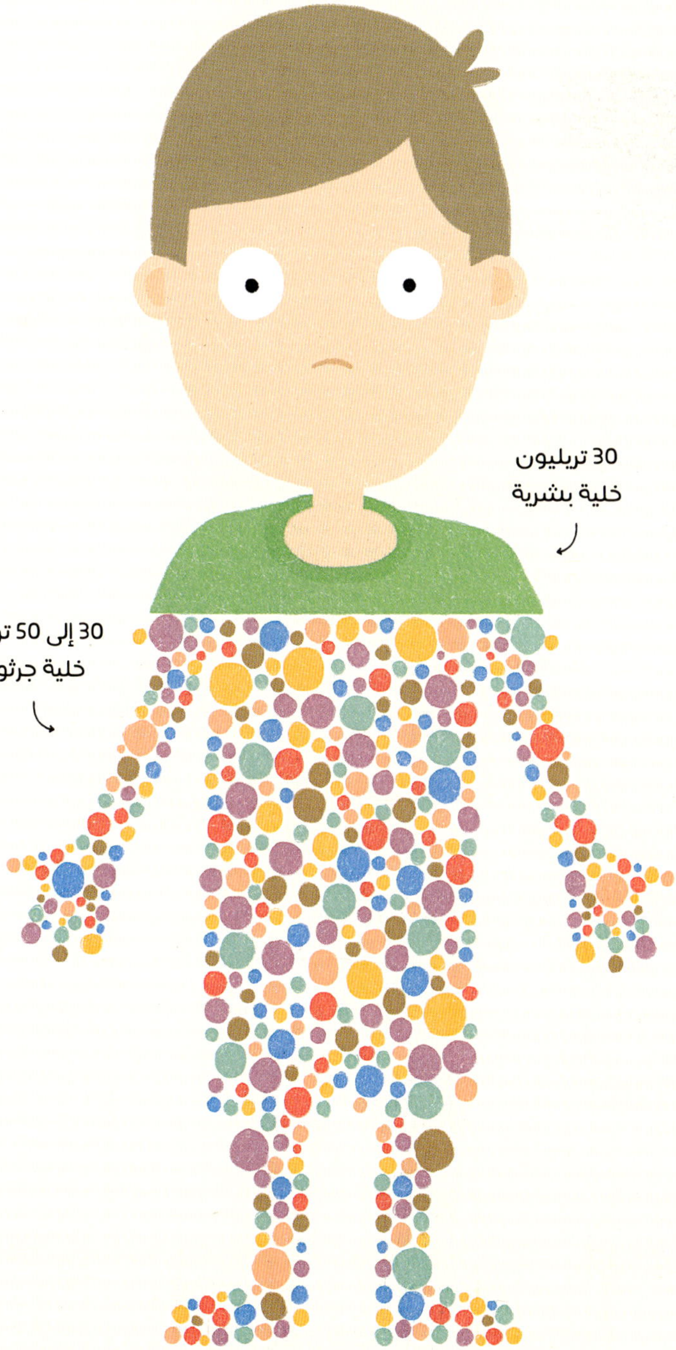


كلُّ إنسان لديْه مجموعته الخاصة الفريدة من الميكروبات وغيرها. ولقد بدأنا في فهم العلاقةِ المحتملة بين توازن مجموعتك الجرثوميَّة وحالتك الصحيَّة عمومًا. ويمكن لمجموعتِك الجرثومية أن تؤثِّر على مزاجِك أيضًا.

رائحتك مثل جوربٍ قديم!

تبقى أفضلَ من رائحةِ المخللِ.

خارج أجسامنا، تساعدنا الميكروبات في صنع بعض الأطعمة المفضلة لدينا. فالجُبْن وصلصة الصُّويا والمخللات ومخلل الملفوف والخبز والكيمشي وشاي الكومبوتشا وبعض أنواع النقانق، وحتى أنواع الزبادي تُصنع بمساعدة الميكروبات.

هناك أنواع من الميكروبات علينا أن نَشكرَها على الهواء الذي نتنفَّسُه! حيث تشير التقديرات إلى أن العوالق النباتية (مجموعة من البكتيريا البحرية والطحالب) مسؤولةٌ عن إنتاج ثلثي كمية الأوكسجين في غلافِنا الجوي. أي أن ثلثيْ أنفاسِنا تتوفَّر لنا بفضْلها!

ويلعب شركاؤنا المجهريون دورًا رئيسيًا في الحفاظ على صحَّةِ كوكبنا. إذ يُعدُّ تجديد التربة من الأعمال الأساسية للبكتيريا والفطريات، التي تساعد على تحويل المواد الخام والميِّتة إلى تربة خصبة تنمو فيها حياة جديدة.

لكن تلك الكائنات الدقيقة العجيبة لا تحملُ لنا الأخبار الجيدة دائمًا. فهناك أنواعٌ من الفطْر (ليس ذلك النوع الذي يؤكل) تنمو على بشرتك، وبعض الفيروسات تسبِّب لك نَزلاتِ البرد والإنفلونزا بل أمراضًا أسوأ!

بعض الميكروبات لا تفعل شيئًا، أيَّ شيء مطلقًا.

# تعرَّف على الميكروبات!

صرنا نعلم بوجود تريليون نوع من الميكروبات، ولكن تعالَوا نلقي نظرة عن قرب على المجموعات الأكثر أهمية بالنسبة لنا نحن البشر...

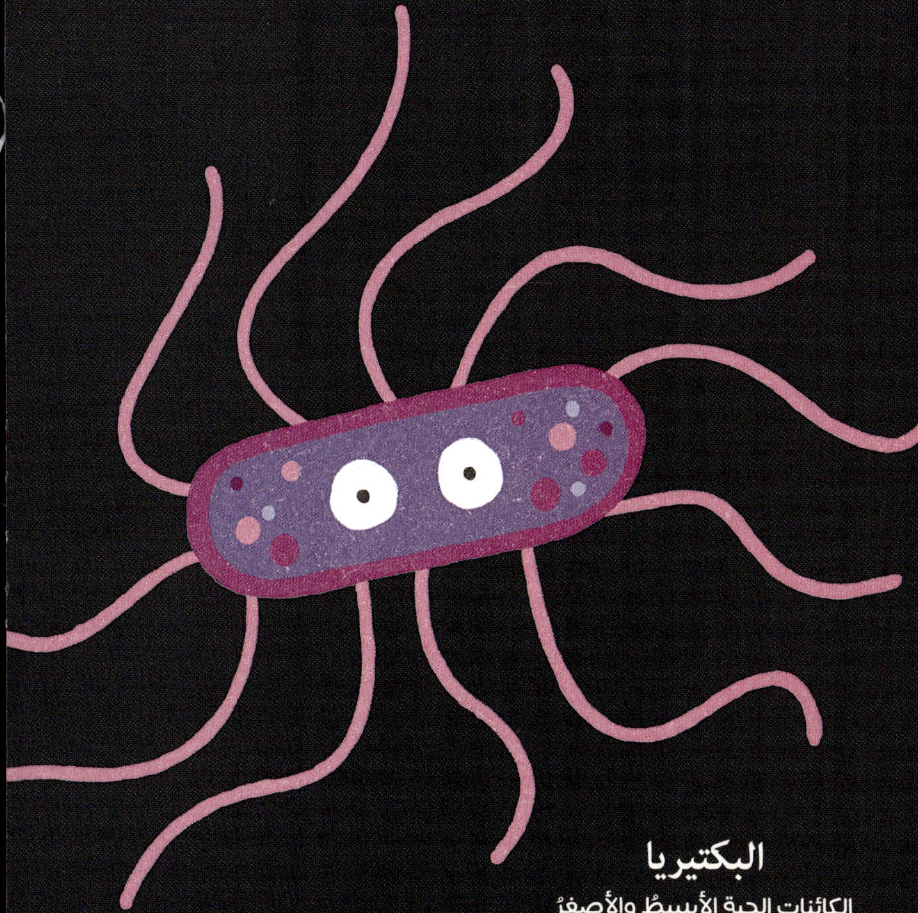

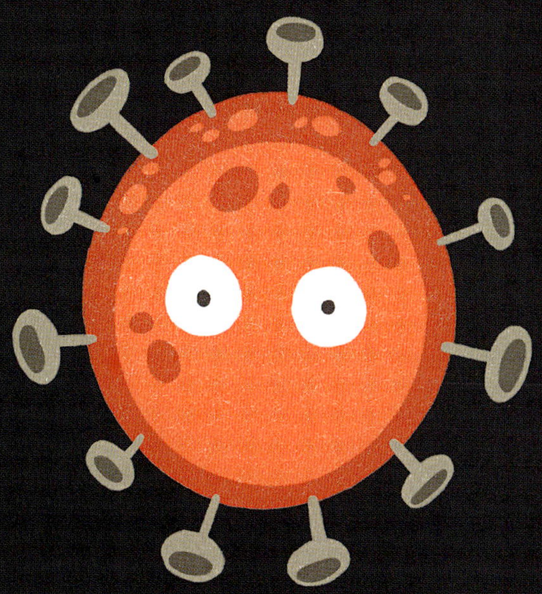

## البكتيريا

الكائنات الحية الأبسطُ والأصغرُ والأقدمُ، وهي أنجحُ أشكال الحياة على كوكب الأرض.

## الفيروسات

أصغر بكثير من البكتيريا، لكنها ليست حيّةً تمامًا. وتعتمد على أشكال أخرى من الحياة (مثلك) لتتكاثر.

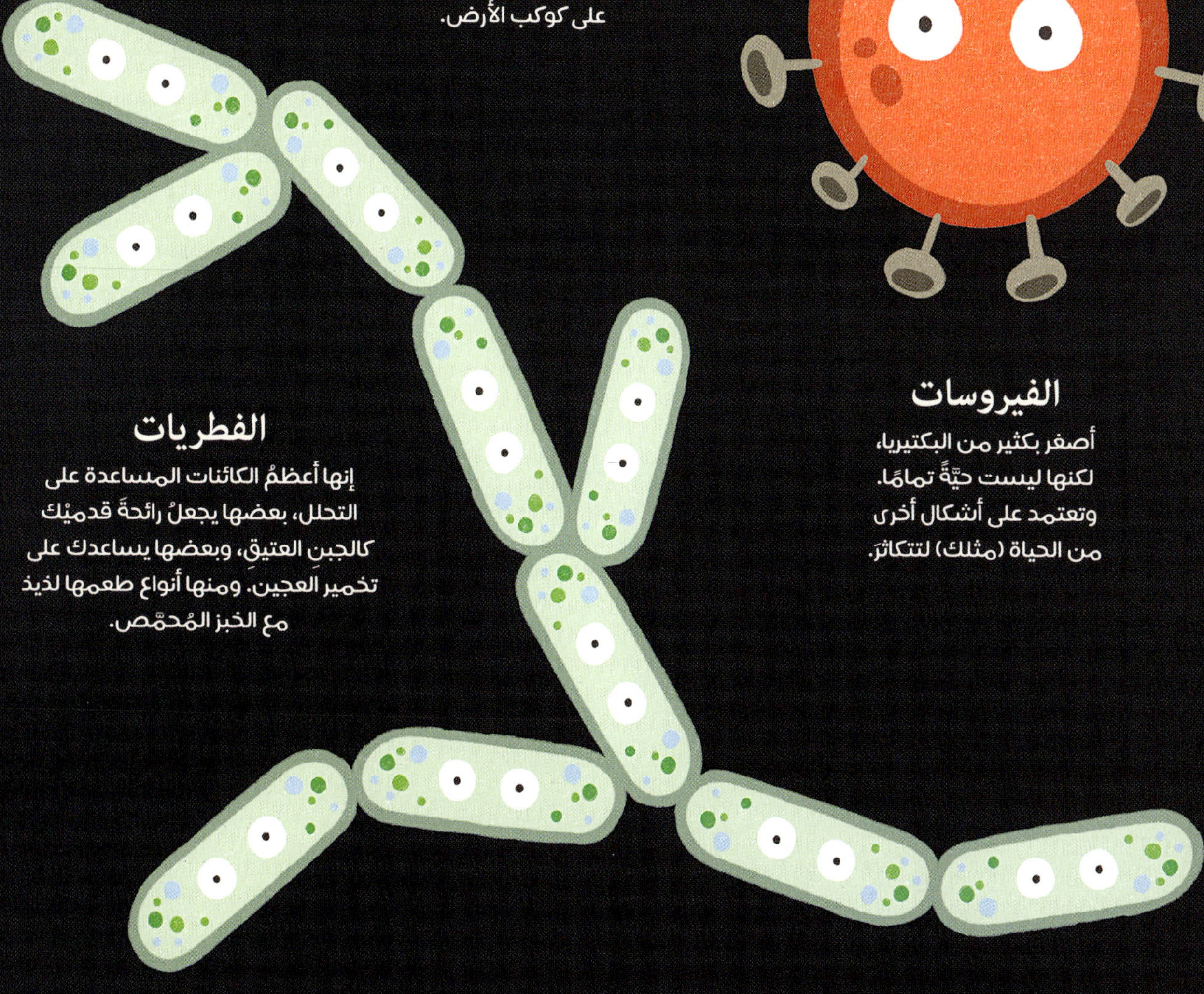

## الفطريات

إنها أعظمُ الكائنات المساعدة على التحلل، بعضها يجعلُ رائحةَ قدميْك كالجبنِ العتيقِ، وبعضها يساعدك على تخمير العجين. ومنها أنواع طعمها لذيذ مع الخبز المُحمّص.

## العتائق

يمكنها العيش في أصعب البيئات وأقساها، في الحمْضِ (الأسيد)، وفي الماء بدرجة الغليان، وحتى في فضلات الجسم.

## الكائنات الأولية

مجموعة هائلة من الكائنات وحيدة الخلية غالبًا، ويختلف دورُها بحسب نوعها، فبعضها يتصرَّف كالنبات (مثل الطحالب) وبعضها الآخر كالحيوان (مثل الأميبات).

## البريونات

تحمل لنا أخبارًا سيئة، إذ إنها المسؤولة عن أمراض الدماغ لدى البشر والحيوانات.

## العقدية الطافرة

يمكنها أن تنخر أسنانك... لذلك لا تنسَ تنظيفَها مرتين في اليوم!

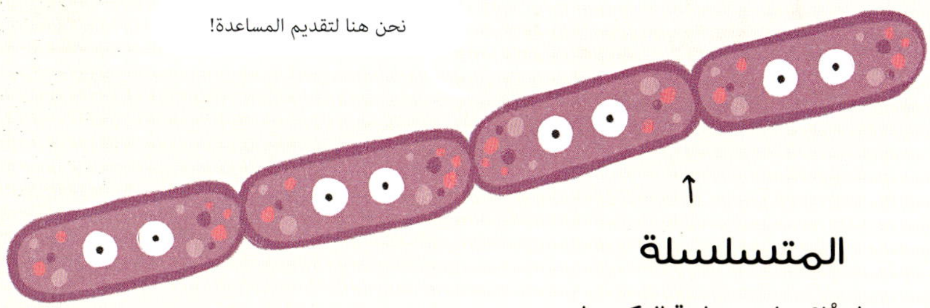


## المتسلسلة

تساعدُك على محاربة البكتيريا الضارة والفطريات المعدية، وتحافظُ على صحتك.

## جرثومة المعدة

قد تسبّب لك التهابًا في المعدة، وتقرحات مَعِدِيّة أيضًا.

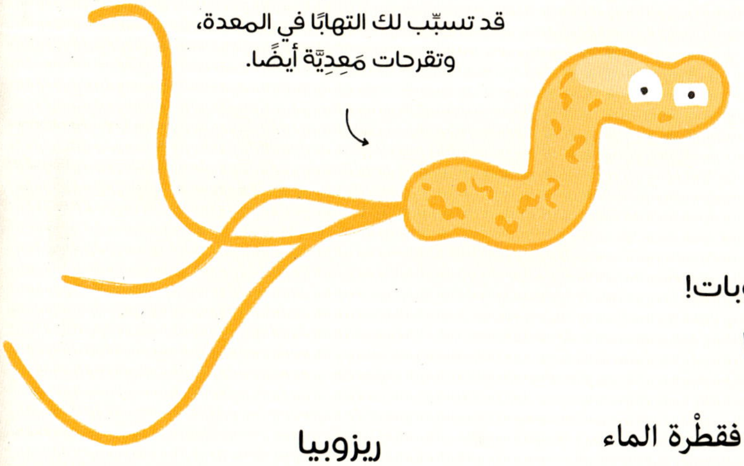


تعرَّف على الميكروبات!

# البكتيريا

البكتيريا كائنات مِجْهريَّة، فقطْرة الماء الواحدة يمكنها أن تحتوي على مليون كائن منها. إنها من ذوات الخلية الواحدة التي تعيش في كلِّ البيئات على كوكبنا تقريبًا. إنها داعمٌ للحياة عمومًا، ولذلك ندين لها بالفضل في وجودنا نحن البشر وكذلك النباتات والحيوانات.

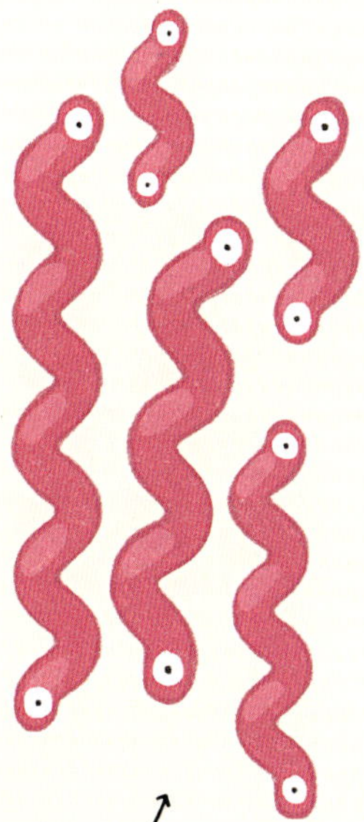

## بوريليا برغدوريفية

تنتقل بواسطة حشرات القراد الفظيعة، وقد تسبّب داء لايم عند البشر.

## ريزوبيا

تَعيش في التربة، وتُساعد النباتات على النمو.

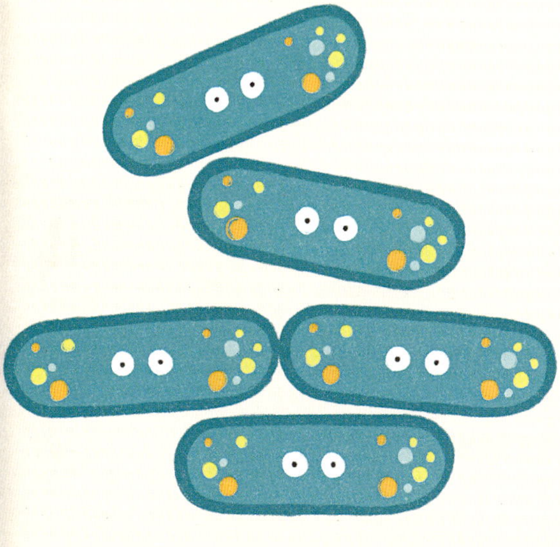

## إشريكية قولونية

معروفة باسم إي-كولاي، وتعيشُ داخلَ أمعائك. تسبّب الأذى على الأغلب، ولكن بعض أنواعها التي تعيش خارجَ جسمِك، تُصيبُك بالمرض إذا دخلَتْ إلى معدتك.

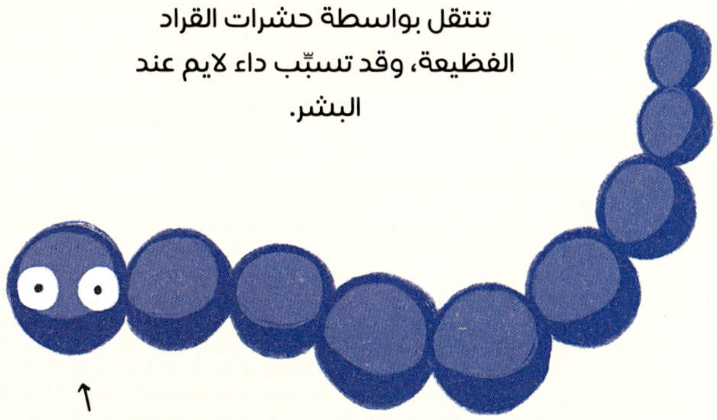

## عقديات التهاب البلعوم

بكتيريا مؤذية وتسبّب ألمًا شديدًا والتهابًا في البلعوم.

كل بكتيريا تتكوَّن من خلية واحدة.
وهكذا يبدو شكلها إذا قطعتها إلى نصفين
بمقصٍّ متناهي الصغر... "مِجْهَرِيٍّ":

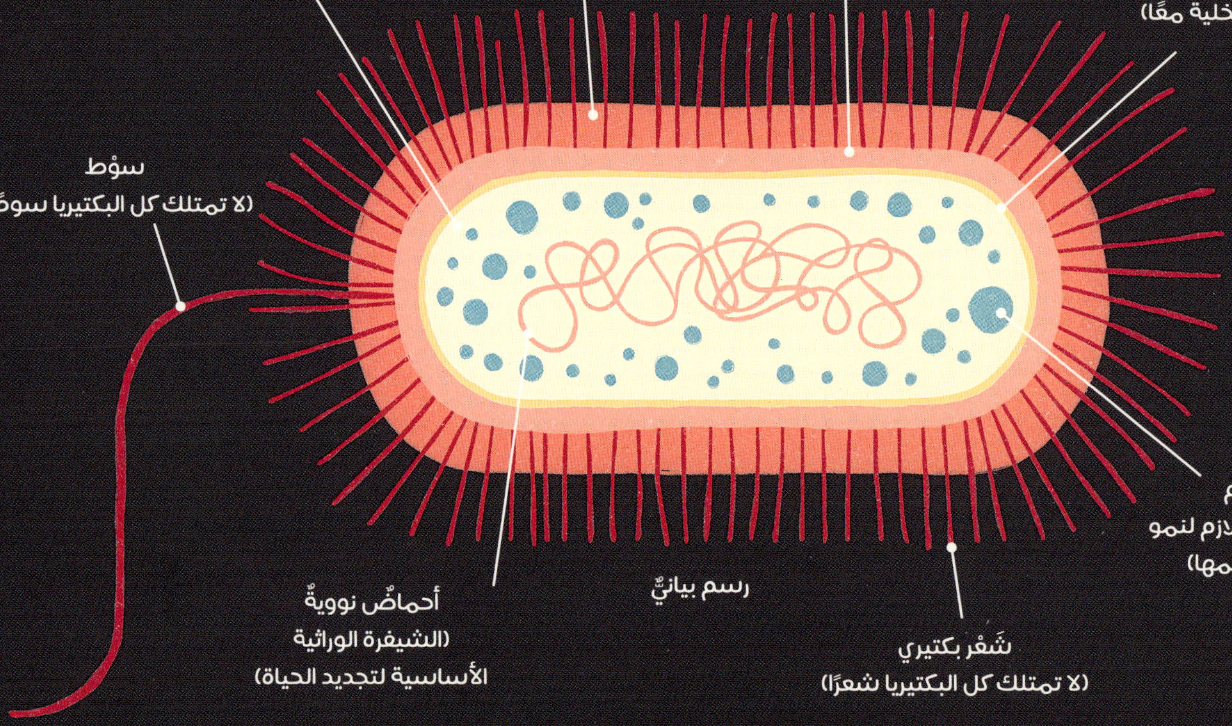


جميع الكائنات الحية تتكوَّن من كتل متراصَّة صغيرة تسمَّى الخلايا.
فإذا كنت على قيد الحياة -حتى لو كنت بكتيريا- فأنت مكوَّن من خلايا،
وهذه الخلايا قد تكونُ نشأتْ من خلايا موجودةٍ مسبقًا.

الخلايا موجودة بمختلفِ الأشكال في كل مكان على كوكبنا.
ولكنها تحتوي على عناصرَ مشتركةٍ: هي الغشاء،
والسيتوبلازم، والريبوسوم، والأحماض الوراثية (DNA-RNA).

البكتيريا كائناتٌ دقيقة وبسيطة، وتعيش بسعادةٍ إذا توفَّرت لها حاجاتها الأساسية بانتظام: من الغذاء والماء ودرجة الحرارة المناسبة. عندها لن تنشغل إلا بأمر واحد فقط... إنتاج المزيد من البكتيريا!

صغيرتي...!

على العكس منا نحن البشر، لا تتكاثرُ البكتيريا عن طريق التلقيحِ وإنما بالانشطار الثنائي، فتنقسمُ الخلية الواحدة ببساطةٍ إلى قسمين.

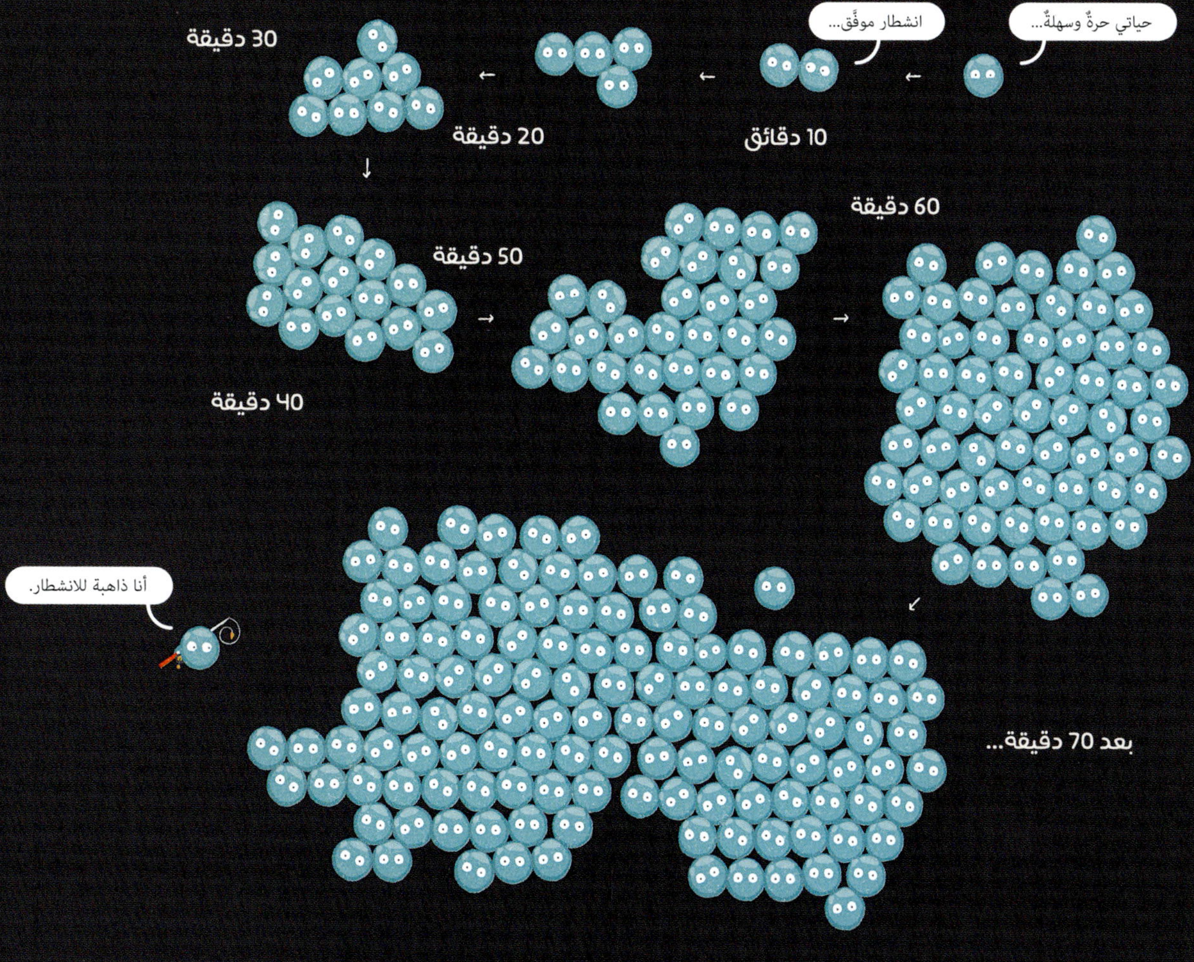


وتتكاثر البكتيريا بسرعةٍ، وبعضُ الأنواع يمكن أن تنقسم كلَّ 10 إلى 15 دقيقةً، مما يعني أن بكتيريا واحدة يمكنُ أن تنقسم نحو 128 مرةً، أي يَنتجُ عنها مجموعةٌ هائلة من الأحفادِ، وأنت مستغرقٌ في مشاهدةِ أحدِ الأفلامِ!

## صِرْتَ تعرِف أن البكتيريا تقدِّم لك خدماتٍ رائعةً!

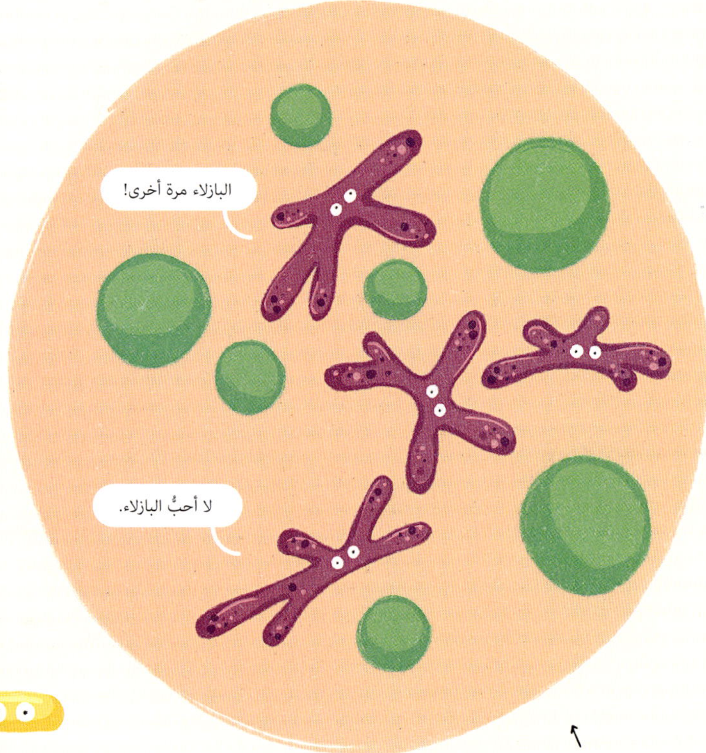


### بيفيدوباكتيريوم

تساعدُك على الهضمِ واستخراجِ العناصرِ الغذائيةِ من طعامك.

### عنقودية الجلد الخارجي

تُدافِع عن بشْرتك ضد البكتيريا الضارة والفطريات.

من دون **العصيَّة اللبنية** لن تستطيع هضْمَ الحليبِ!

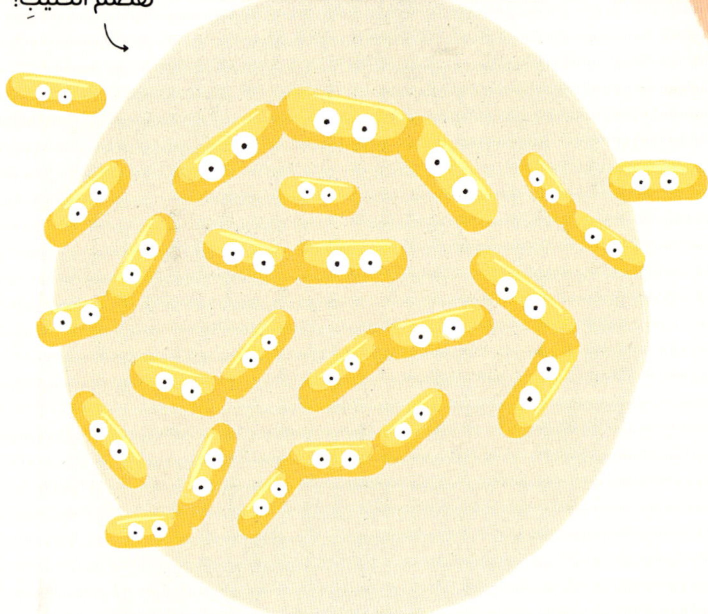

**لكن ليست كلُّ أنواع البكتيريا مفيدةً. فبعضُها يؤذينا ويسبِّب لنا الأمراضَ، مثل تسوُّس الأسنانِ، وما هو أسوأ!**

### ضمة الكوليرا

إنها بكتيريا تنتقلُ عبرَ الماء، وهي المسؤولة عن داءِ الكوليرا، أحدِ الأمراض المميتة.

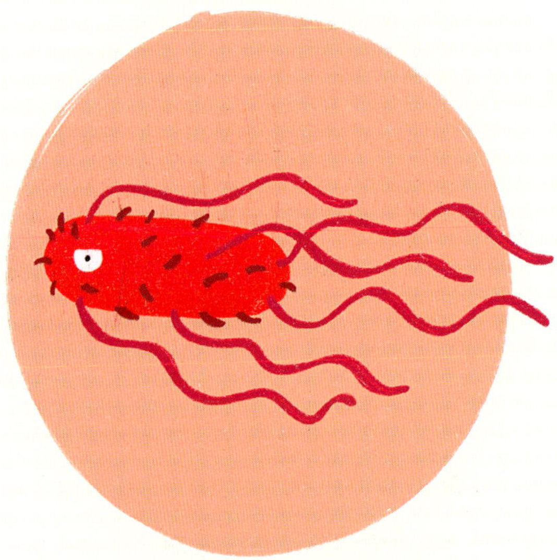

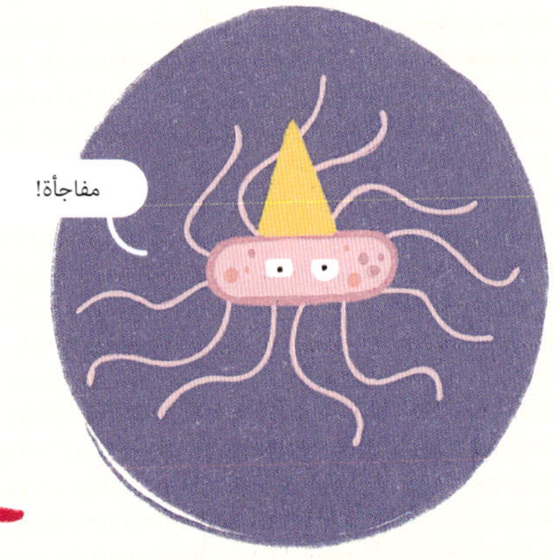


### سالمونيلا

تنتشر بواسطة الماء والغذاء، تسبّب لك ارتفاعًا في الحرارة، وآلامًا في الأمعاء، وتُفاجِئك بالإسهال!

### بريفيباكتيريوم

تعيش بين أصابع قدميك، وتسبّب رائحة الجوارب الكريهة. وتُستخدم في تصنيع أنواع من الجبن أيضًا. هل يُعقل ذلك؟!

## إيبولا

هو فيروس شديد العدوى، يسبّب تراجعًا حادًّا في وضعك الصحي، وقد تكون النتائج خطيرة.

## فيروس كورونا (كوفيد 19)

تُغلّفه البروتيناتُ. نال شهرةً سيئة، وهو السبب في اتباع سياسةِ الحجْر المنزلي.

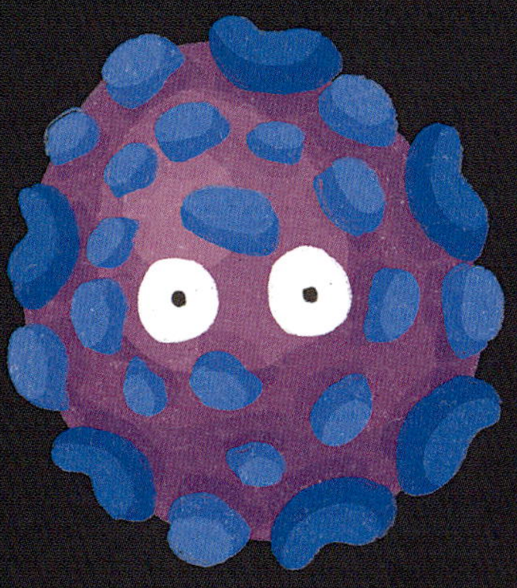

## إنفلونزا

هو فيروس مسؤول عن نَزلات البردِ الحادّة.

تعرَّفْ على الميكروبات!

# الفيروسات

الفيروسات غريبة، فهي لا تُعدُّ كائناتٍ حيَّةً تمامًا. لا تتكاثر ولا تتنقل من تلقاء ذاتها، بل تعتمد على غزو خلية حية مُضيفة من أجل التكاثر. يظنُّ بعضنا أنها كائنات حيَّة، لأنها تحتوي على DNA أو RNA (الشفرة الوراثية للحياة). ويظنُّ بعضنا الآخر أنها ليستْ كذلك، لأنها لا تستطيع التكاثر من دون مُضيفٍ، ولا تتكون من خلايا. بالإضافة إلى أنها أصغرُ من البكتيريا، فالفيروسُ النموذجيُّ خارج البكتيريا المُضيفة أصغر بنحو مائة مرة من البكتيريا النموذجية.

## فيروس الأنف

من الفيروسات المُزعجة التي تسبّب نَزلات البرد العادية. لا علاقة لذوات الحوافر والأظلاف بانتقالِه.

## الفيروس العجلي

يسبّب الإسهالَ الحادَّ لا سيما عند الأطفال.

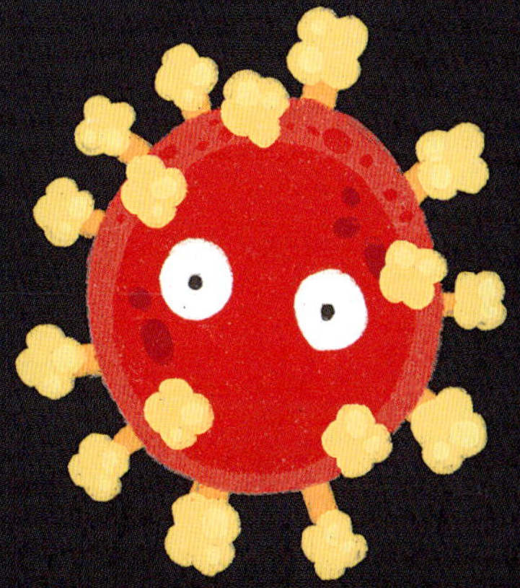

## التهاب الكبد الفيروسي C

تَخضع العروسُ فقط لفحصِ التهاب الكبد A وB قبل الزواج، فيما يسبّب التهاب الكبد C أعراضًا عصبيةً.

## فيروس تبرقش التبغ

يصيب أنواعًا معينةً من النباتات، ويسبّب ضررًا للأزهار والأوراق والفاكهة، ويُعيق نموَّ النبات.

## العاثيات

(فيروسات تغزو البكتيريا)

أكثر أنواع الفيروسات شُيوعًا، وتختصُّ بمهاجمة البكتيريا وإتلافها.

إذا أصبتَ بنزلةِ بردٍ في أي وقت، فهذا يعني أن الفيروسَ
أحكمَ سيطرتَه على بعض خلايا جسمِك (فيروسات الأنف على الأرجح).
والفيروسات متنوعة إلى حد كبير، ويمكنها أن تصيبَ خلايا أي كائن حيٍّ تقريبًا:

☑ البشر

☑ الحيوانات

☑ النباتات

☑ البكتيريا

☑ الفطريات

☑ من يهمل النظافة

غالبية الفيروسات لا يمكنها العيشُ خارجَ الخلايا المُضيفة لوقتٍ طويلٍ.
وتعتمد على طريقة انتقالٍ سهلة من مُضيف إلى مُضيف لكي تَضمن استمرارَها.
وإليك بعض وسائل الانتقال المفضلة لديها:

العطس

المصافحة

البعوض

يمكن للفيروسات أن تتجوَّلَ لفترة طويلة جدًّا. وتم اكتشافُ فيروس مجمَّد في جليد سيبيريا، وقد سُمِّي فيروس بيثو السيبيري، وعمره 30 ألف عام. وحين توفَّرت له شروط مغرية مثل الدفء والأميبا النضرة، استيقظ الفيروس «الملتهم» من سباته على الفور، وأنهى قيلولته التي استمرَّت نحو 10 ملايين يوم، وهاجم الأميبا وسيطرَ على مُضيفه الجديد!

لا تقلقْ، فمعظم هذه الفيروسات المُلتهِمة لا تؤثر علينا على الإطلاق. هناك آلاف الأنواع من الفيروسات التي نعرفها، ويتعيَّن علينا اكتشافُ المزيد منها. ولكن من المعروف أن نحو 260 فيروسًا فقط تُصيب الإنسان (ومن السهل جدًّا التخلص منها).

الفيروسات ليست مصدرًا دائمًا للسوء، فبعضها يَقضي على البكتيريا الضارة، ومنها ما يساعدك على محاربة الفيروسات الأخرى. لدينا العديد من تلك الفيروسات في أجسامنا. وبدأ العلماء في إدراك دَور هذه الفيروسات المفيدة كجزء من نظام المناعة الطبيعي للجسم.

تعيش أنواع من العاثيات في مُخاطِك، الذي يساعد على حمايتك من البكتيريا الضارّة.

لا تتكون الفيروسات من خلايا، وتفتقر إلى المكونات المطلوبة للتكاثر من تلقاء نفسها. وتعتمد على الدخول متسلِّلة إلى خلية كائن حيٍّ، ثم تستولي على مكونات تلك الخلية وطاقتها كي تتكاثر.
وإليك بيان كيفية تكاثر الفيروس من خلال دورتيْن، هما التكاثرية والمُستذيبة:

1 يجد الفيروس نفسه داخل خلايا الكائن الحي.

2 يختار الفيروس خليةً مضيفةً لطيفة، ويلتصقُ بغشائها.

3 يعمد الفيروس إلى حقن الخلية بمادَّته الوراثية (RNA وDNA).

4 يتحكم الفيروس بالخلية، ويعطيها الأمر كيْ تبدأ باستنساخه.

5 تبدأ الخلية بإنتاج أجزاءٍ مختلفة من الفيروس ومنفصلة عن بعضها بعضًا.

6 تتجمع أجزاء الفيروس المختلفة داخلَ الخلية سيئةِ الحظِّ.

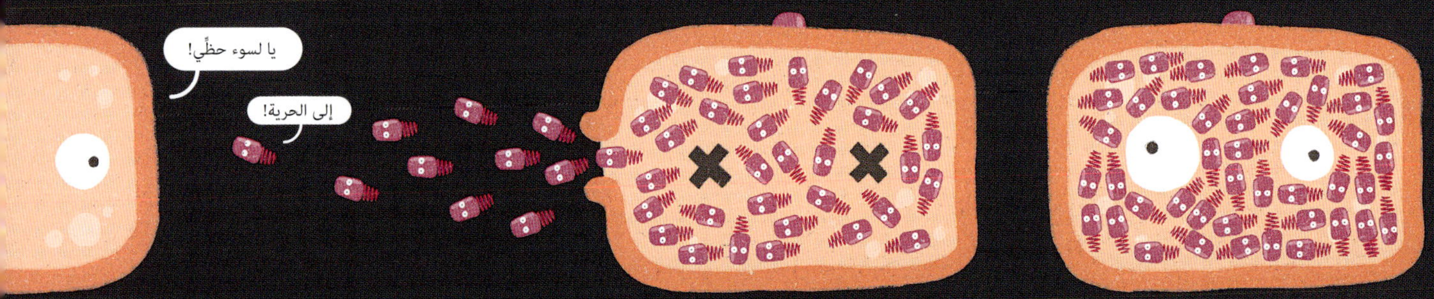


7 تواصل الخلية إنتاج نسخٍ من الفيروس حتى تصلَ إلى نقطة الانفجار.

8 تتمزَّق الخلية المضيفة وتموت في النهاية؛ وتنتشر الفيروسات الجديدة بسرعة.

9 تخرج الفيروسات لتغزو خلايا أخرى، وتكرِّر الفعلَ ذاتَه من جديدٍ.

# مسار إفرازات الأنف عند الإصابة بنزلة البرد العادية

قد تُصاب أنت أو والدتك أو قطتك أيضًا بنزلة برد. ونزلات البرد التي تُصيبنا قد يُسببها واحد من بين 200 فيروس مزعج. وإليك تفاصيل كيفية عمله:

في هذه المرحلة يمكنك نقل العدوى للآخرين.

## انتشار الفيروس

ما إن يدخل الفيروس إلى جسمك، حتى ينتقل بسرعة من خلية إلى أخرى (انظر الصفحة السابقة)، ثم ينتقل إلى مجرى دمِك وإلى رئتيْك.

وهنا تشعر بأنك مُثير للشفقة.

اليوم الأول

## الإصابة بالبرد

هناك ثلاث طرق فقط يدخل فيروس البرد من خلالها إلى جسمك عادةً: عبْر فمك، أو عبر أنفك، أو عبر الأغشية المخاطية حوْل عينيْك.

## عطس مزعج

أكثر من 200 نوع من الفيروسات يُمكنها التسبُّب بنزلاتِ البرد. وكل فيروس منها يؤدي إلى أعراض مختلفة، وله مدة عدوى مختلفة أيضًا.

قد تُصابُ بارتفاع في الحرارة.

آتشوم!

اليوم الثاني

## سيلان الأنف

أحد الأعراض الأولى التي ستلاحظها هو سيلان أنفِك. يُنتج جهازك المناعي المزيد من المُخاط كي يساعدك في الدفاعِ عن نفسك ضد الفيروس.

اليوم الثالث

## آتشوم!

العطس وسيلة نقلٍ فعَّالة لفيروسات نزلات البرد. فعندما تعطس، تطير الفيروسات مع إفرازات فمِك وأنفِك بسرعة 300 كيلومتر في الساعة، ويمكنها الوصولُ إلى مسافةٍ قد تصلُ إلى 4 أمتار.

اليوم الرابع

## بحَّة صوت خفيفة

إذا تكاثر الفيروس في حلقك، فمن المحتملِ أن تصاب بألم وفي الحنجرة والبلعوم. هذا الألم ينتج عن تمزُّق الخلايا في حلقِك مع انتشار الفيروس.

في هذه المرحلة تفقدُ روح الدعابة.

اليوم الخامس

## بلغم في الحنجرة

قد تُصاب بالسعال أيضًا. في كل مرة تكحُّ فيها، تُطلق جزيئات معُدية من اللعاب والمُخاط (تحتوي على ملايين الميكروبات الفيروسية) في الهواء، مما يُساعد الفيروس في العثور على مُضيفين جُدد.

قد تُصاب بألمٍ في الرأس.

## ابقَ في المنزل

في أثناء إصابتك بالبرد، من المهمِّ أن تمتنع عن مخالطة الناس، كي لا تنقل العدوى إليهم، ومن ثَم تمنع انتشار الفيروس.

## العدوى

تُصبح شخصًا معديًا قبل يوم تقريبًا من ظهور أي علامات للإصابة بنزلة برد عليك. ولكنك لن تنقل العدوى للغير بعد مرور نحو 4 إلى 5 أيام على ظهور الأعراض الأولى.

تعرَّف على الميكروبات!

# الفطريات

يتفرَّع من شجرة عائلة الفطريات أغصان عديدة. بعض الفطريات تكونُ بأحجام لا تُرى بالعينِ المجرَّدة، وبعضها الآخر أكبر حجمًا بكثير، مثل نباتات الفطر.

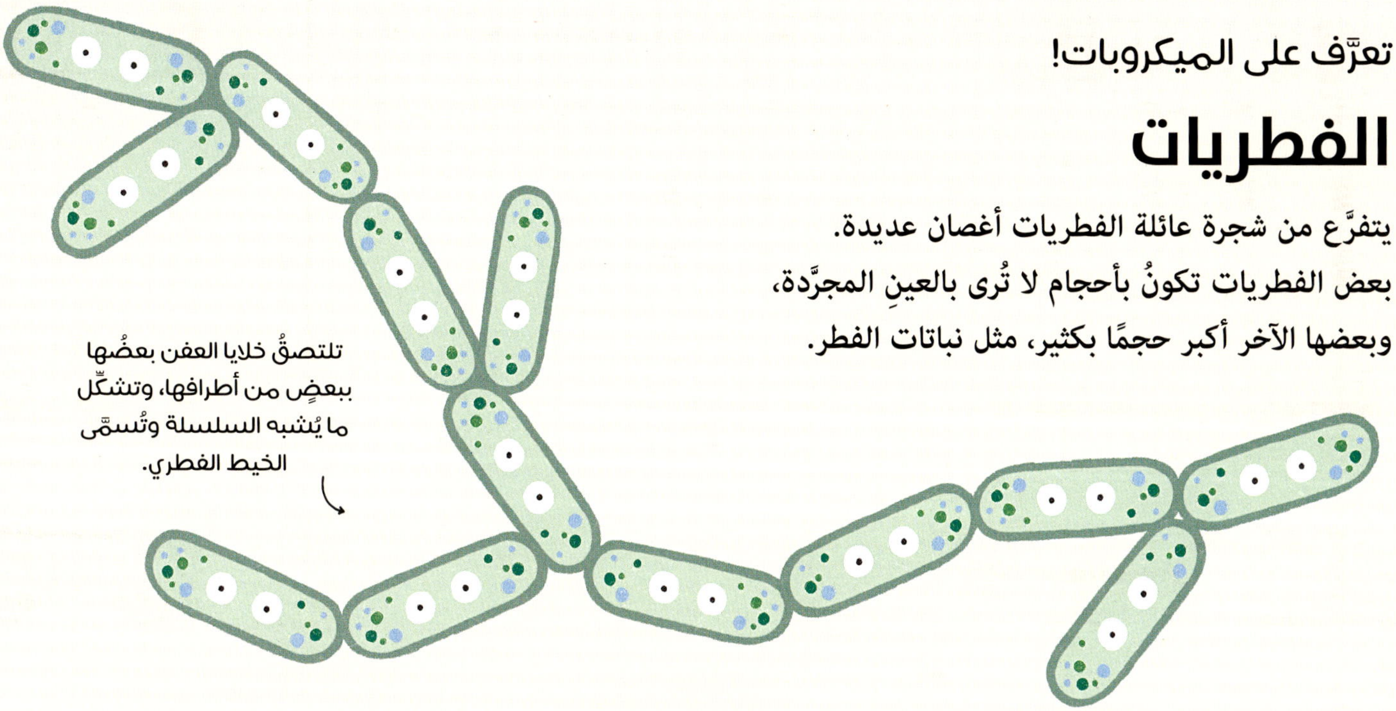

تلتصقُ خلايا العفن بعضُها ببعضٍ من أطرافها، وتشكِّل ما يُشبه السلسلة وتُسمَّى الخيط الفطري.

والعفن يتشكل من مجموعات متعددة الخلايا لديها ما يُشبه الوبر الدقيق. تراه قد نما على شطيرة قديمة، أو في التربة، أو في أي مكان يتوفَّر فيه الهواء والرطوبة والمواد العضوية.

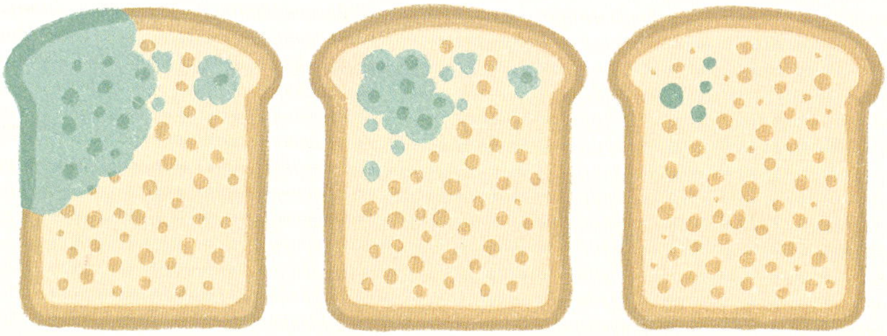

الخميرة هي كائنات فطرية وحيدة الخلية، تساعدُنا في صنع الخبز في المقام الأول. في عملية صنع الخُبز، تلتهم الخميرة السكريات في العجين، فتُخرج فقاعات من ثاني أكسيد الكربون، تُساعد في صنع خبز جميل القوام وهش وجاذِب للفطريات.

لقد استخدمْنا أصدقاءنا الفطريات طلبًا للمساعدةِ في تحضير الطعام على مدى آلاف السنين. وتشمل الأطعمة المخمرة الخبز والجبن والزبادي والمخللات وغيرها. ونحن نضيف الخمائر إلى الطعام في حالته الأساسية، فيتحوَّل إلى مادة غذائية ألذ بكثير، نستسيغ طعمها ونلتهمها.

تبدو الفطريات مشابهة للنباتات، إلا أنها في الواقع أكثر ارتباطًا بالحشرات! تتكون جدران خلايا الفطريات من مادة تسمى الكايتين، وهي المادة ذاتها التي تتكوَّن منها الهياكل الخارجية للحشرات والقشريات.

تُعدُّ الفطريات منقذة للحياة أيضًا. فأول مضادٍّ حيويٍّ تم اكتشافه من الفطريات بالصدفة، هو البنسلين (وكان يطلق عليه في الأصل «عصير العفن»). ويعمل البنسلين عن طريق منع البكتيريا الضارة من تكوين جدران خلوية جديدة.

هناك الملايين من أنواع الفطريات على الكوكب، لكن بضع مئات منها فقط ليس لها أي تأثير علينا، وتكون مزعجة في العادة أكثر من كونها خطرة. أما العدوى الفطرية الشائعة التي يمكن أن يُصاب بها الناس فهي التينيا، ومن نتائجها جفاف الجلد والحكة.

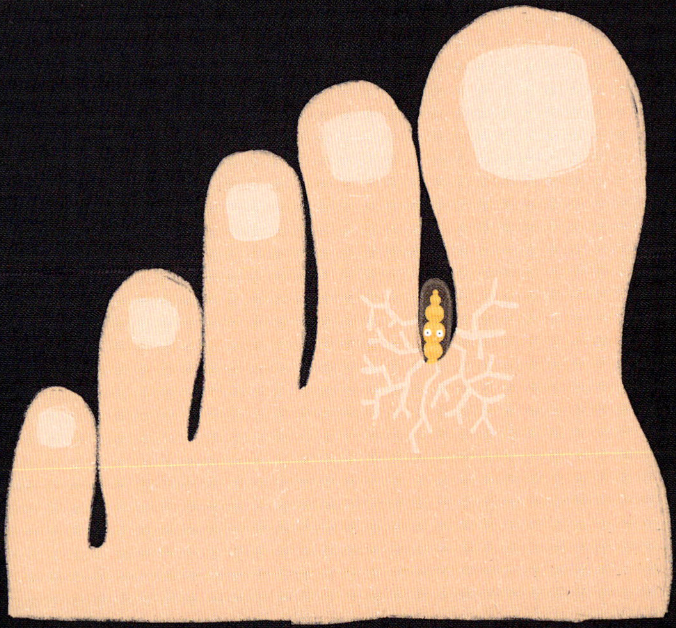

تتغذَّى الفطريات على الكائنات الحيَّة -النباتات والحيوانات والبكتيريا- عن طريق إلقاء مادة كيميائية غير مألوفة على المواد الغذائية المفضلة لديها، ثم تمتصُّها مرة أخرى بواسطة خيوطُها الفطرية. طعم لذيذ!

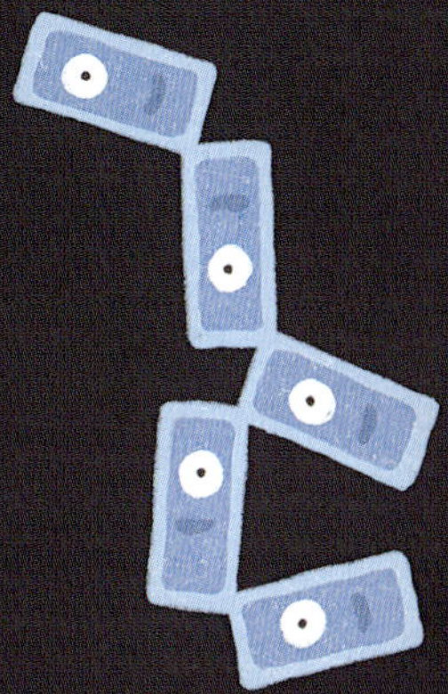

تعرَّف على الميكروبات!

# الكائنات الأولية

هي مجموعة ضخمة ومتنوعة من الميكروبات، تتكون من أكياسٍ تحتوي عناصر ليست نباتية أو حيوانية أو فطرية.

**الأميبا** نوع من الكائنات الأولية، يمكنها أن تغيِّر شكلها وفقًا لحركتها. إن الفحص الدقيق للأميبا يكشف عن تأثرها بالمواد الكيميائية المنبعثة من طعامها (وهي عملية مماثلة لحاسة الشم لدينا).

الكائنات الأولية هي كائنات من ذوات الخلية الواحدة. بعضها يتصرَّف مثل الحيوانات المتناهية الصغر، فتبحث عن شريك كي تتزاوج وتتكاثر. أما سلوك البقية فمشابه لسلوك البكتيريا، أي تتكاثر بالانقسام إلى اثنين، وهو الانشطار الثنائي.

**أما العفن الغروي**، فهو بمثابة مادة لزجة غروية، أي أنه اسم على مسمّى. وبيولوجيًّا، يتوافق تركيب العفن الغروي ليكون ما بين الفطريات والأوليات.

**الملاريا** مرض يسببه طفيلي من الأوليات (يُسمّى المُتصوِّرة)، ويكون عادة في أحشاء نوع معين من البعوض.

الطحالب هي مجموعة فرعية من الكائنات الأولية. عادة ما تكون في المياه، ويمكن أن تكون أحادية الخلية (مثل الخيضورات - الطحالب الخضراء التي قد تراها في بحيرة)، أو متعددة الخلايا (مثل طحلب الكلب).

مثل النباتات تمامًا، تمتص الطحالب ثاني أكسيد الكربون من الهواء أو الماء، وتُخرجُ الأوكسجين. هذه العملية -المعروفة باسم التمثيل الضوئي- مسؤولة إلى حد كبير عن كل أشكال الحياة على الأرض.

تعرّف على الميكروبات!

## العتائق

هذه مجموعة متنوعة إلى حد كبير من الكائنات الحيّة الدقيقة، والتي ترتبط ارتباطًا وثيقًا بالبكتيريا، ويمكن أن تشترك معها في بعض أوجه التشابه. تَشتهر العديد من العتائق (البكتيريا القديمة) بقدرتها على البقاء في البيئات القاسية، بما في ذلك الينابيع الساخنة، وتحت الصفائح الجليدية، وحتى داخل أحشاء الأبقار! نحن نسمّي هذه العتائق «أليفة الظروف القاسية».

تعرّف على الميكروبات!

## البريونات

ليست فيروسات تمامًا (وليست على قيد الحياة تمامًا)، يمكن لهذه الميكروبات الصغيرة القويّة البقاء على قيْد الحياة عند درجة الغليان، أو حتى بعد مهاجمتها بالموادِّ الكيميائية. إنها مسؤولة عن عدد من الأمراض البغيضة في أدْمغة البشر والحيوانات.

# جهازك المناعي

يمتلك جسمك شبكة دفاع خاصة به، تتكون من مجموعة رائعة من الأعضاء والهياكل والعمليات التي تعمل معًا للدفاع عنك ضدَّ الميكروبات الخبيثة!

## الجلد

بشرتك هي خطُّ دفاعك الأول ضد الميكروبات المؤذية، ومعظم البكتيريا والفيروسات والفطريات لا يُمكنها اختراق جلدك.

## المُخاط

تُنتج الأغشيةُ الموجودة في الفم والأنف والجفون (والعديد من الأعضاء الأخرى) مادةً لزجة تسمى المُخاط. إنها بمثابة حارس المرمى اللَّزِج، الذي يساعد على التقاط البكتيريا والميكروبات الضارَّة، وطردها من جسمك.

## الحمّى

لا تعمل بعض الفيروسات والبكتيريا أو لا تؤدي عملها بنجاح في درجات الحرارة المرتفعة، لذلك يصيبك جهازك المناعي بالحمى، كي يرفع درجة حرارة جسمك. وارتفاع الحرارة يساعد جهاز المناعة على تسريع إنتاج خلايا الدم البيضاء (التي تحب السخونة). عندها تبدأ تلك الخلايا في شنِّ الحرب على الفيروسات أو البكتيريا الضارة.

## خلايا الدم البيضاء

هؤلاء هم الأبطال الحقيقيون في جهازك المناعي. إنهم يتعاملون مع كلِّ البكتيريا السيئة والفيروسات الخبيثة في جسمك بطريقة مماثلة، وذلك باختراقها وتحطيمها باستخدام مواد كيميائية تسمَّى الإنزيمات.

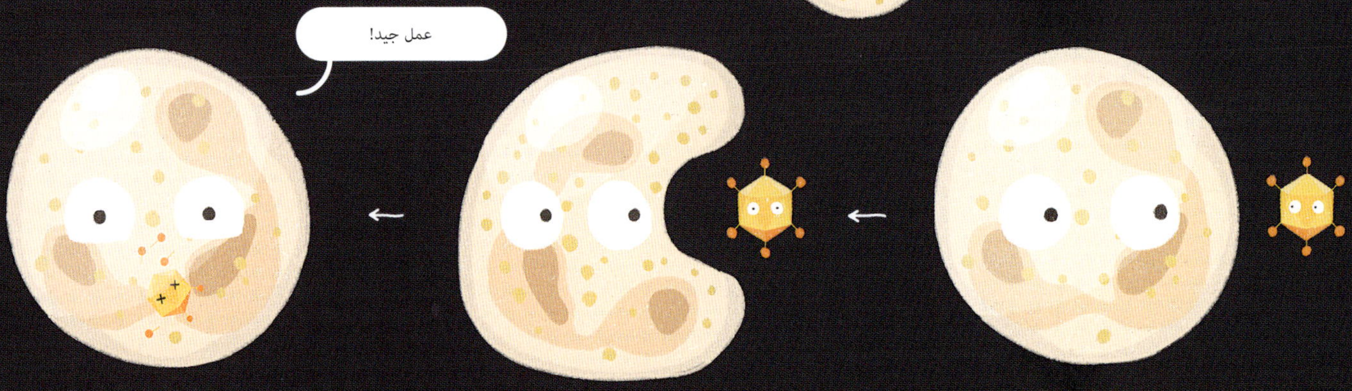


## خلايا الذاكرة

ينتج جهازك المناعي خلايا دم بيضاء خاصة تُسمى خلايا الذاكرة، وتتذكَّر تلك الخلايا الصغيرة من فئة الأبطال كلَّ البكتيريا والفيروسات التي واجهتها من قبل. لذا تستطيع هزيمَتها بسرعة إذا ما وجدت البكتيريا والفيروسات طريقها إلى جسمك مرة أخرى.

## الأجسام المضادة

إنها جزيئات صغيرة مدهِشة، تتكوَّن بواسطة خلايا الدم البيضاء على شكل حرف Y، كي تُساعدها في هزيمة العدوى الغازية. والأجسام المضادة تتعاون مع خلايا الذاكرة لمنع الإصابة بالمرض نفسه من جديد.

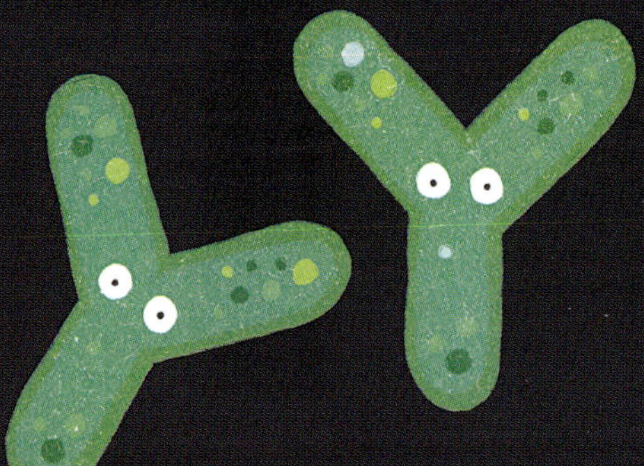

# مُحسِّنات المناعة

أنظمتنا المناعية استثنائية، ولا يمكننا العيش طويلًا من دونها. ومن أجل مساعدة أجسامنا ضد البكتيريا والفيروسات الضارة، توصَّل العلماء إلى تقوية مناعتِنا عبر طرق عديدة.

## اللقاحات

يُصنع اللقاح عادةً من شكل ضعيف أو غير نشط من الفيروسات أو البكتيريا الضارة. تُحقَن هذه الفيروسات غير الفعَّالة في مجرى الدم، مما يدفع جهاز المناعة لديك إلى التجاوب معها. وتكون جرعة اللقاح صغيرة إلى درجة لا تجعلك تمرض، لكنها كافية كي تُتيح لخلايا الدم البيضاء التعامل مع الغزاة وإنتاج أجسام مضادة، تحميك من الإصابة بالمرض في المستقبل.

## مناعة القطيع

لا يمكن لبعض الأشخاص تلقي التطعيمات -مثل الأطفال حديثي الولادة أو الأمهات الحوامل أو الأشخاص الذين يُعانون من ضعف في جهاز المناعة- ومن ثم فإن هؤلاء الأشخاص مُعرَّضون للإصابة بالأمراض التي نحاول حماية أجسامنا منها. وتعتمد تلك الفئة من غير المحصَّنين على ما يُسمَّى بـ«مناعة القطيع». فإذا تلقى كل المحيطين بهؤلاء التطعيم ضد مرض مُعين، فهذا يَمنحهم مستوى معينًا من الحماية أيضًا.

## المضادات الحيوية ومضادات الفيروسات

عادة ما يتم إعطاء المضادات الحيوية ومضادات الفيروسات بعد فترة وجيزة من حدوث العدوى، وعادة ما تكون على شكل أقراص. لكن يجب التعامل مع تلك العلاجات بحرص، لأنَّ العديد من المضادات الحيوية لا تستطيع التمييز بين البكتيريا الجيدة والبكتيريا السيئة التي تجعلُك مريضًا. لذلك يجب أن نكون حذِرين للغاية عند تناول المضادات الحيوية، وأن نتبع الإرشادات الطبية بشأنها.

تعمل المضادات الحيوية عن طريق منع إنتاج البروتينات، مما يعني أن البكتيريا المُعْدية لا تستطيع تكوين جدران خلوية جديدة، ومن ثم تموتُ بسرعة.

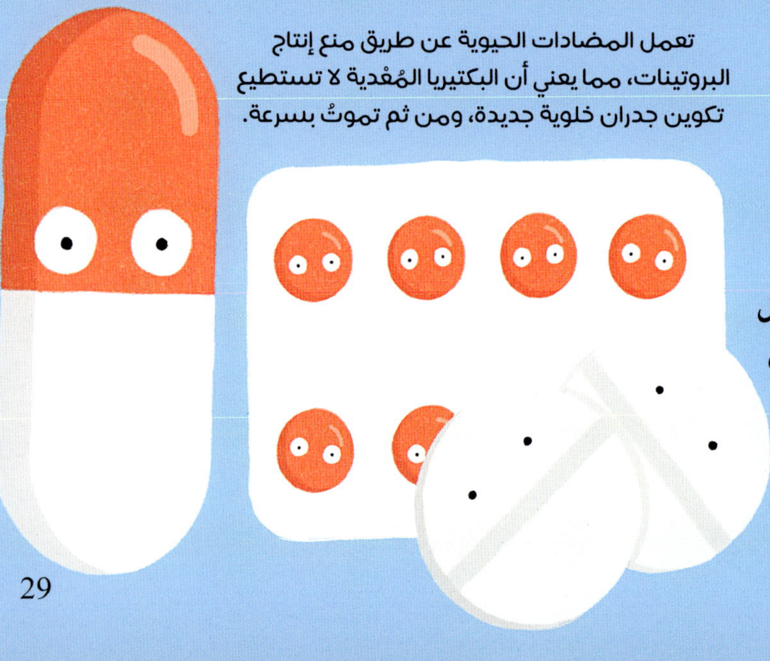

# اِبقَ في صحة جيدة

على الرغم من صغر حجمها، تلعب الميكروبات دورًا كبيرًا في حياتنا (ولن نستمر أحياء من دونها). لكن العالم الميكروبي يمكن أن يكون جيدًا أو سيئًا أو قبيحًا، لذا إليكم بعضَ الأمور التي يُمكننا القيام بها جميعًا، للبقاء في الوضع الصحيح مع مرافقينا المِجْهَرِيين.

1 استخدم الصابون.

2 اِفرك كفيك...

3 واغسل يديك جيدًا...

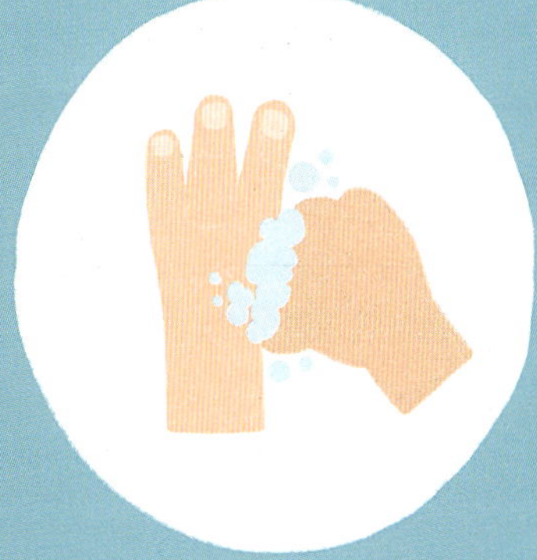

4 وإبهاميك!

### المبادئ الأولية لغسل اليدين!

اغسل يديك بالصابون والماء كلما أمكن ذلك. اِجعل رغوةَ الصابون كثيفةً، وافرك يديْك بها لمدة 20 ثانية على الأقل، لتنظيفهما جيدًا، ولإزالة أي بكتيريا أو فيروسات ضارَّة.

5 نظِّف أظافرك.

6 ولا تنس رسغيك.

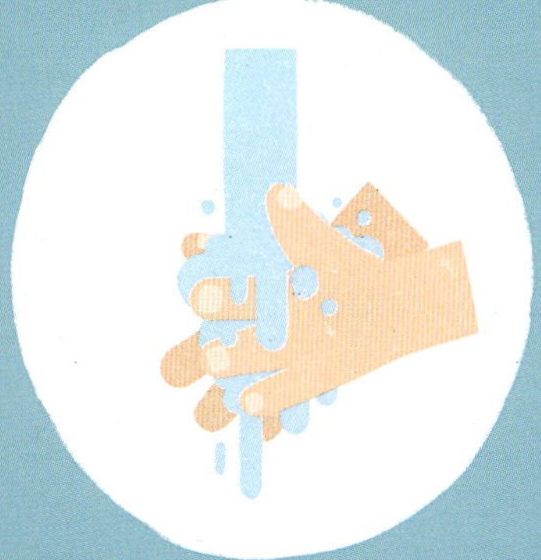

7 اشطف يديك بالماء!

8 وجففهما.

يلتقط الصابون أي ميكروبات، ثم يأتي الماء ليشطفها جيدًا. فمن المحتمل ألا يُزيل الماءُ وحدَه كلَّ الميكروبات المُعْدية عن يديك، لأن جزيئات الماء لا تلتصق بها مثل الصابون.

## لا تختلط بالآخرين!

إذا أصبت بالمرض، فابقَ في المنزل! فبهذه الطريقة تَعتني بنفسك وبمنْ حولك، وتُساعد في تقليل انتشار العدوى الفيروسية والبكتيرية.

## لا تلمس وجهك!

إذا كانت العدوى متفشية من حولك، فحاولْ ألا تلمسَ وجهَك. يُساعدك ذلك على منع دخول الميكروبات إلى فمك وأنفك وعينيك.

## أريد أن أعطس... آتشوم!

تعوَّدْ على السعال والعطس في مرفقك. هذا الأسلوب يمنع الفيروسات والبكتيريا الموجودة في زفيرك الغزير من الانتشار في الهواء.

## إرشادات الطبيب

اِستمع إلى نصائح طبيبك وإرشاداته المتعلقة بالأمور المهمة، خُصوصًا شروط تَناول المضادات الحيوية، وتلقِّي اللقاحات، وارتداء الكمامة.

## حرِّك جسمك!

اركض واقفز والعب في الهواء الطلق، كي تُحافظَ على نشاط دورتك الدموية، وقوة الأجهزة الحيوية في جسمك.

## تعرضْ لأشعة الشمس

اقض وقتًا في الهواء الطلق تحت أشعة الشمس عندما تستطيع ذلك. فأشعة الشمس تَمدُّ جسمَك ببعض الفيتامينات، مما يساعدك على البقاء سعيدًا ومعافى.

## نم بعمق

يستعيد جسمك قوته في وقت الراحة، لذلك من المهم أن تنام ساعاتٍ كافيةً. امنحْ جهازَك المناعيَّ مُتسعًا من الوقت كي يُعزِّز قوته، ويكون في أفضل حالاته.

## تناولْ طعامًا مغذيًا

اعتمد نظامًا غذائيًا صِحيًا ومتوازنًا، معظم مكوناته من الخضروات، مع قليل من كل شيء آخر، ولا تُكثرْ من الأكل بين الوجبات. ساعد ميكروباتك المفيدة، لتساعدك في الدفاع عن جسمك.

**دار جامعة حمد بن خليفة للنشر**
**صندوق بريد 5825**
**الدوحة، دولة قطر**

www.hbkupress.com

*Me Microbes & I*



First published in Australia by Little Hare Books, an imprint of Hardie Grant Children's Publishing



الطبعة العربية الأولى عام 2022

دار جامعة حمد بن خليفة للنشر

الترقيم الدولي: 9789927155833

تمت الطباعة في الدوحة-قطر.

---

**مكتبة قطر الوطنية بيانات الفهرسة – أثناء – النشر (فان)**

بانتينغ، فيليب، مؤلف.

[Me Microbes & I]. Arabic

أنا والميكروبات / تأليف فيليب بانتينغ ؛ ترجمة سهى أبو شقرا. – الطبعة العربية الأولى. - الدوحة، دولة قطر : دار جامعة حمد بن خليفة للنشر، 2022.

صفحة ؛ سم

تدمك: 978-992-715-583-3

"تعرف على الفيروسات والبكتيريا وأغرب الكائنات الدقيقة الأخرى التي نتشارك معها هذا العالم"—الغلاف.

ترجمة لكتاب: Me Microbes & I.

1. علم الأحياء الدقيقة -- أعمال للأطفال. 2. الكائنات الدقيقة -- أعمال للأطفال. 3. البكتيريا -- أعمال للأطفال. 4. الفيروسات -- أعمال للأطفال. أ. أبو شقرا، سهى، مترجم. ب. العنوان.

QR57 .B85 2022

579 – dc23 202228324377